Le narcissisme dans les relations

Comment reconnaître un narcissique, s'en débarrasser et enfin être heureux

Annika Pütz

CONTENU

Ce qui vous attend dans ce livre.................................1

Narcisse - Le beau...3

Quand la balance penche - style personnel ou
dysfonctionnement ?..6

Narcissisme et co-narcissisme - la "dream team 10

Charmant et irrésistible ! 13

Le narcissisme dans les médias sociaux 13

Le rendez-vous - Reconnaître le narcissisme..... 15

Psychoterror - L'amour qui détruit votre vie 21

Une relation d'amour avec un narcissique - est-ce
possible ? 29

Que pouvez-vous faire contre le narcissisme de
votre partenaire ?..................................... 31

La séparation - Mon monde est en miettes 33

Pourquoi la rupture avec un narcissique est-elle
pire que toute autre rupture auparavant ?........... 33

Ce n'est pas votre faute ! 40

Une bonne estime de soi est un poison pour tous
les narcissiques...45

Qu'est-ce qui ne va pas chez moi et chez les
autres ? 45

Ils sont géniaux ! - Renforcer la confiance en soi
.... 51

Surmonter les crises - préserver le bonheur....... 55

Ce qui vous attend dans ce livre

Je me sens malade, fatigué et vieux. Je n'ai plus d'énergie pour rien. Je me contente d'attendre. J'attends un mot gentil, j'attends qu'il me contacte, j'attends d'être reconnue. Je ne comprends pas ce que je fais de mal, cela ne me fait pas de bien, je le sais. Mais je ne peux pas m'en empêcher, je reste. C'est ma faute. Je dois juste faire plus d'efforts, être plus tolérant. Alors tout ira bien".

Toute personne ayant eu une ou plusieurs relations ou rencontres avec un narcissique a déjà eu ce genre de pensées. Nous rencontrons très souvent ce problème lors du choix d'un partenaire. Vous avez été déçu(e) à plusieurs reprises, vous vous sentez exploité(e) ou même coupable ?

Une amie vous a certainement déjà dit que vous tombiez toujours sur le même type d'homme. Mais peut-être êtes-vous déjà en train de réfléchir à cette question et de revoir votre "schéma de compatibilité". Vous êtes peut-être encore dans une relation de ce type et vous avez envie de vous en sortir, mais vous ne savez pas si vous y voyez vraiment "clair" ?

C'est précisément le sujet que nous abordons dans ce livre. Je souhaite vous aider à vous sensibiliser aux caractéristiques du narcissisme et vous invite à réfléchir aux comportements qui vous ont amenée à rencontrer des hommes narcissiques de manière répétée. Je souhaite également vous proposer une aide pour vous libérer des relations destructrices.

Pour des raisons de commodité, j'écris du point de vue d'une femme. Je tiens toutefois à préciser que le narcissisme existe bien sûr aussi chez les femmes. Il diffère en certains points des caractéristiques du narcissisme chez les hommes, mais ne fait guère de différence au final. En principe, les hommes qui rencontrent des personnalités féminines narcissiques de manière répétée sont donc également invités à réfléchir et à briser les schémas de comportement destructeurs.

Narcisse - Le beau

Narcisse était l'enfant commun du dieu-fleuve Céphise et de la nymphe aquatique Leiriope. Il est né d'un viol et est devenu un jeune homme fier de sa propre beauté. Les garçons et les filles le courtisaient, mais il les rejetait tous sans cœur.

Le jeune Ameinias a également connu ce rejet. Narcisse lui fit parvenir une épée. Incapable de supporter cet affront, il se suicida avec l'épée, non sans avoir invoqué les dieux pour qu'ils le vengent. Némésis, ou plutôt Aphrodite, a entendu ses supplications et a puni Narcisse d'un insatiable amour de soi.

En se regardant dans l'eau, il est tombé éperdument amoureux de son reflet, sans se rendre compte que c'était lui qu'il voyait dans l'eau. Cet amour était marqué par l'inassouvissement, il le reconnaissait, mais cela ne lui servait à rien. Il s'est consumé pour son reflet jusqu'à sa mort.

Pausanias, un écrivain voyageur grec, raconte qu'un jour, Narcisse s'assit au bord du lac pour se délecter de son reflet. Une feuille tomba dans l'eau et déforma son reflet. Narcisse, choqué et croyant qu'il était laid, mourut sur le coup. Après sa mort, il fut transformé en narcisse.

C'est à partir de cette mythologie grecque que le terme "narcissisme" a été développé. En résumé, il s'agit de personnalités qui semblent souvent exigeantes, arrogantes et prétentieuses. Il s'agit donc de personnes apparemment très sûres d'elles, du moins c'est l'image qu'elles véhiculent activement vers l'extérieur. Cependant, derrière cette image se cache souvent une estime de soi plutôt faible et facilement blessante, ce qui rend ces personnes difficiles à gérer les critiques. De plus, les narcissiques pardonnent difficilement les critiques. Personne ne doit se rendre compte de la sensibilité et de la faiblesse de la personne qui se cache derrière cette façade.

Les problèmes des narcissiques commencent tôt. Ils ne sont pas à la hauteur de leurs propres exigences, sont motivés par le perfectionnisme et sont rongés par la peur de l'échec. Ils ont souvent des problèmes au travail et ne se rendent jamais justice eux-mêmes.

Quand la balance penche - style personnel ou dysfonctionnement ?

Ce qui constitue notre personnalité est une question complexe. Nous avons tous en nous des parts d'impulsivité, de volatilité, de dramatisation, d'égoïsme et bien d'autres choses encore. Nous avons tous une manière différente de percevoir notre environnement et d'interagir avec les autres. La répartition et l'expression de nos caractéristiques individuelles ou de nos schémas de pensée et d'action nous permettent de développer une personnalité. Celle-ci est façonnée par le monde extérieur et, dans une large mesure, par les expériences que nous avons vécues pendant l'enfance et l'adolescence. En général, ces caractéristiques s'équilibrent, même si certaines sont plus prononcées et d'autres moins.

Nous passons d'une personnalité à un style de personnalité lorsque certains traits de caractère apparaissent plus clairement que d'autres. La transition entre les deux est assez floue. La plupart des gens sont donc un mélange de styles de personnalité plus ou moins prononcés.

Mais quand parle-t-on de "trouble" d'un style de personnalité ? C'est toujours le cas lorsque certains traits sont excessivement marqués et se révèlent en même temps très rigides. Si la façon de penser et de ressentir est très différente de celle de l'environnement et a un impact important sur le comportement de la personne , cela peut indiquer un trouble. Il est cependant difficile de déterminer à partir de quand nous parlons d'un style de personnalité très marqué et dominant ou d'un trouble. Les transitions entre les deux variantes sont fluides.

Les troubles les plus évidents se manifestent dans les interactions. Cela peut avoir un impact négatif sur les amitiés, les connaissances ou les relations familiales. Cela s'explique par une perception déformée de la réalité. Par exemple, les actions neutres sont perçues comme plus négatives que la moyenne ou les événements sont perçus de manière très exagérée. Les personnes souffrant de ce trouble ne perçoivent pas seulement leur environnement différemment, mais aussi elles-mêmes. Ainsi, les performances peuvent être présentées de manière exagérément positive.

Pour obtenir un diagnostic clair, il est indispensable de consulter un psychiatre ou un thérapeute. La psychothérapie permet alors d'établir un diagnostic à l'aide de la "psychoéducation" et de rechercher ensemble une forme de thérapie appropriée. Pour cela, de nombreux entretiens individuels sont nécessaires. Cette forme de traitement requiert toutefois une certaine compréhension de la part de la personne concernée et une forte relation de confiance mutuelle entre le patient et le thérapeute.

Sur la base de ce diagnostic problématique et très difficile à établir, nous parlerons par la suite uniquement de styles de personnalité.

Outre le style narcissique, le style de personnalité

dit "borderline" est le plus connu et le plus familier. En psychologie, ce style de personnalité est aujourd'hui appelé "émotionnellement instable". Il se caractérise par une nette tendance à agir de manière inattendue et sans se soucier des conséquences. Les personnes concernées ont tendance à avoir de fortes sautes d'humeur, ce qui peut entraîner de brusques accès de colère, voire des actes de violence. Elles ne sont pas sûres d'elles-mêmes, de leurs préférences et de leurs besoins et se sentent donc souvent vides. Ils font souvent des efforts disproportionnés pour ne pas être abandonnés. Cela peut conduire à des comportements d'automutilation, voire à des pensées suicidaires.

Un autre style de personnalité bien connu est le style "dépendant" ou "dépendant". Les personnes concernées aiment que d'autres personnes prennent les décisions dans leur vie, et les invitent même à le faire. Elles demandent souvent l'avis des autres et font confirmer leurs décisions. Il est frappant de constater que les personnes ayant ce style de personnalité se soumettent aux besoins des personnes avec lesquelles elles sont en relation de dépendance. Les personnes concernées sont très souples et ne réclament presque rien. Elles le font parce qu'elles ont très peur de se retrouver seules. Elles se sentent alors impuissantes et incapables de prendre soin d'elles-mêmes. Le pire pour elles serait d'être abandonnées par leur partenaire, leurs amis ou leur famille.

NARCISSISME ET CO-NARCISSISME - LA "DREAM TEAM

Ce n'est pas sans raison que je vous ai présenté précisément ces deux styles. Tout comme le yin et le yang, le style dépendant et, dans certains cas, le style émotionnellement instable forment un tout avec le narcissisme. Il n'est pas toujours nécessaire de présenter un trouble des deux côtés. Il suffit que les deux parties soient très marquées pour qu'elles se trouvent mutuellement "attirantes".

Si l'on examine de plus près la relation entre un narcissique et une personne dépendante, on parle de co-narcissisme ou de narcissisme complémentaire. Dans ce cas, les deux mondes de besoins sont mutuellement satisfaits. Les caractéristiques d'un co-narcissique sont comparables à celles d'une personne dépendante.

Vous êtes trop soucieux de rendre votre partenaire heureux. Vos propres besoins sont alors relégués au second plan. Le besoin de tendresse, d'amour et d'attention est tout simplement trop fort et fait paraître tout le reste sans importance. Les narcissiques ont le don de donner le sentiment d'être unique très tôt et au début d'une relation. Le co-narcissique a enfin trouvé quelqu'un qui voit ce qu'il y a de spécial en vous. La peur de ne jamais trouver une telle personne et de rester seul pour toujours est profondément enracinée en eux. Ils sont trop heureux de "s'occuper" enfin de quelqu'un, de mettre le monde à ses pieds.

Un narcissique l'accepte volontiers. Après tout, il est plus à l'aise quand les autres l'admirent, car cela lui montre qu'il a réussi à masquer son propre sentiment d'infériorité. Parfait à première vue ! Si ce n'est qu'il est difficile de plaire à un narcissique :

"S. a prévu de passer un week-end ensemble à la montagne. Ce devait être une surprise pour son partenaire P. Il travaille toujours très tard en semaine et est souvent stressé par le travail. P. réagit de manière négative à son annonce, lui dit qu'il a des choses importantes à faire, mais l'accompagne quand même. Une fois à l'hôtel, P. se montre critique envers l'aménagement de la chambre. Alors qu'il est encore en train de défaire sa valise, il insiste sur le fait qu'il veut partir tôt le lendemain matin, car il a d'autres rendez-vous. S. se sent coupable de ne pas avoir été suffisamment

attentive aux besoins de P.. Elle se promet fermement de faire plus d'efforts la prochaine fois".

L'exemple de S. montre clairement comment les co-narcissiques pensent et ressentent les choses. Ils ne laissent pas de place à leur propre déception face à la réaction de leur partenaire et profitent de sa réaction pour reconsidérer ce qu'ils considèrent comme une erreur de comportement de leur part.

Mais c'est là qu'apparaît le manque d'empathie. Les pensées d'un narcissique tournent principalement autour de lui-même. Le fait que S. ne veuille pas repartir si tôt le lendemain matin ou qu'on lui demande quels sont ses projets n'a pas d'importance pour lui.

Le cercle d'amis d'une personne dépendante est également très sollicité. Souvent, la personne concernée n'a pas d'autre choix que de révéler tôt ou tard sa souffrance à son cercle d'amis. Mais cela devient très difficile pour les personnes les plus proches et il n'est pas rare qu'elles fassent la sourde oreille avec leurs réactions objectives. Le co-narcissique se met rapidement en position de vouloir défendre son partenaire. Les bons moments de la relation, que le narcissique lui fait vivre à doses homéopathiques, sont trop présents dans ces moments-là. La culpabilité de ne pas être assez reconnaissant est trop grande.

Charmant et irrésistible !

LE NARCISSISME DANS LES MEDIAS SOCIAUX

Facebook, Instagram, Tinder, Twitter et autres. Les plateformes sont aussi variées que les groupes cibles. Chaque format laisse une grande place à l'autopromotion. La concurrence est rude, si bien que pour la plupart d'entre nous, ces compétences sont devenues une évidence dans l'utilisation des médias sociaux. Ces compétences s'accompagnent d'un narcissisme croissant dans notre société.

"Des photos sans filtre ?! No way !", sont les premiers à se dire. Si nous nous demandons honnêtement quelles sont les raisons de notre activité sur ces plateformes, beaucoup trouveront en eux des traits narcissiques.

"Plus beau, meilleur, plus extraordinaire", telle est la devise sous laquelle nous plaçons nos profils autopromotionnels. La photo de notre repas donne une impression de sophistication, la photo de vacances montre un certain niveau de sécurité financière et photographier un bâtiment sans vous au premier plan ? Mais dans ce contexte, tous ces souvenirs nous servent moins à nous remémorer de bonnes vacances, des moments entre amis ou des moments extraordinaires.

Au contraire, nous avons à l'esprit la volonté de faire savoir au monde entier à quel point nous sommes cools, populaires et exotiques. Mais avons-nous le choix ? Seules les personnes qui font ressortir leur part de narcissisme et s'occupent sérieusement de leur autopromotion ont une chance de se faire remarquer à long terme dans le maquis des médias sociaux. La pression pour se démarquer de ce qui semble être des concurrents est grande et nous pousse à être créatifs.

LE RENDEZ-VOUS - RECONNAITRE LE NARCISSISME

Le désir de sécurité, de confiance et de famille rend de nombreux célibataires sentimentaux et leur donne envie de partager tout cela avec un homme. La profession, l'âge, les études, les conditions du lieu de résidence ou encore des exigences accrues et d'autres obligations rendent la recherche d'un partenaire approprié difficile.

La première étape pour sortir de la vie de célibataire est donc souvent la rencontre en ligne. Encore tabou il y a quelques années, il est aujourd'hui devenu tout à fait normal, voire naturel, pour nous. Il existe de nombreuses applications et portails de rencontre, parfois gratuits, mais la plupart du temps payants.

La prudence est de mise ! Les narcissiques sont très friands du Web, qui leur permet d'exploiter pleinement leur potentiel. Nulle part ailleurs, il n'est aussi facile de rencontrer un partenaire de flirt.

Mais comment reconnaître un narcissique ? Ils sont difficiles à cerner, ils sont passés maîtres dans l'art de s'adapter à chaque femme, à chaque situation et à chaque besoin. Si quelque chose est trop beau pour être vrai, vos "sonnettes d'alarme" devraient se déclencher. Le mot-clé est "love bombing". En particulier au début d'une relation, ce terme désigne un état dans lequel vous êtes submergé de compliments, de promesses, d'attentions et d'affection.

Les narcissiques sont habiles à manipuler leurs victimes sur le plan émotionnel. Plus vous êtes affamé émotionnellement, plus vous êtes réceptif à ses avances.

L'envie de trouver le partenaire idéal, comme dans vos romans d'amour, est grande. Pour nous distinguer de la concurrence sur le Web et mettre en avant notre individualité, nous avons souvent tendance à divulguer trop d'informations personnelles.

Un exemple : l'information sur son âge combinée à sa situation familiale en dit long sur vous. Ainsi, il y a de fortes chances pour qu'une femme de 38 ans et sans enfant porte en elle le désir profond de fonder enfin une famille. La photo de votre chien indique que vous aimez beaucoup les animaux.

Les narcissiques sont généralement très intelligents, séduisants et attachent beaucoup d'importance à leur apparence. Ils savent faire preuve de compassion et d'empathie à votre égard. ET - ils font des recherches ! Ils utilisent les informations susmentionnées et peuvent également vous trouver sur d'autres portails tels que Facebook. Ils vous interrogent subtilement sur vos préférences, vos craintes et vos espoirs. L'objectif est de créer rapidement un lien profond. De cette façon, le narcissique devient exactement l'homme que vous avez toujours recherché.

Si vous avez trouvé un homme qui vous plaît sur les réseaux sociaux ou sur les plateformes de rencontre, un rendez-vous en personne ne se fera pas attendre. De nombreux hommes sont charmants et prévenants, mais tous ne sont pas immédiatement narcissiques.

Cependant, un narcissique dépassera toujours vos limites personnelles. Très rapidement, il tentera de vous approcher sexuellement, même de manière subtile et inaperçue. Cela peut être le verre de vin de trop qui l'empêche de rentrer en voiture tard le soir. Comme ce serait pratique s'il pouvait passer la nuit chez vous, car vous ne voudriez pas qu'il y ait des désagréments au début de votre idylle parce qu'il doit se fatiguer à aller chercher sa voiture le lendemain. Il vous prendra alors complètement au dépourvu ou ira toujours de l'avant en prétextant vouloir simplement vous tenir un peu dans ses bras. Il ne le fera pas sans répéter que cela va à l'encontre de ses principes ou que c'est la première fois qu'il fait "ça".

Cette approche de l'intimité précipitée a une méthode et est également appelée **"rushing intimacy"**.

Il vous appellera rapidement sa petite amie et vous bombardera d'idées exagérées sur l'avenir. Les mots "je t'aime" ne se feront pas non plus attendre. Flattée et soulagée d'avoir enfin trouvé l'homme de votre vie, celui qui veut s'engager à fond avec vous, qui a les mêmes intérêts que vous et qui vous apporte toute la sécurité dont vous avez toujours rêvé, vous vous retrouvez prise au piège. Plus vite que vous ne le pensiez, vous vous retrouvez dépendante de lui.

Mais ! Vous pouvez le tester. Par exemple, s'il vous demande quel est votre film ou votre chanson préférés, inventez quelque chose. Il se peut qu'il réponde avec enthousiasme qu'il s'agit également de son film préféré. En règle générale, écoutez votre intuition. Si quelque chose vous semble bizarre, il y a de fortes chances que ce soit vraiment bizarre. Et si quelque chose est trop beau pour être vrai, ce n'est probablement pas le cas non plus.

Mais il y a d'autres "signaux d'alarme" et ils viennent souvent de son entourage. Des partenariats qui se sont effondrés ? Cela peut arriver et est déjà arrivé à chacun d'entre nous. Néanmoins, s'il vous parle de ses nombreuses relations qui se sont toutes dramatiquement effondrées et qu'il rejette toute responsabilité, vous devriez être prudent.

Il se peut que vous soyez déjà sortie avec lui plusieurs fois et qu'il commence à vous critiquer, vous et vos préférences et qualités personnelles. Souvent, il commence par l'apparence : trop de maquillage ici, pas assez là. Il peut aussi arriver qu'il vous insulte en public. Fixez-lui des limites ! Faites-lui savoir qu'il a franchi une limite et qu'il devra se comporter différemment à l'avenir. Un narcissique ne pourra pas le supporter, il se mettra en colère ou vous ignorera pendant des jours.

Il faut beaucoup d'expérience pour reconnaître un homme narcissique. La plupart du temps, vous n'y parviendrez pas au premier coup d'œil, mais peut-être qu'avec un peu de pratique, vous y parviendrez au second.

En résumé, voici quelques caractéristiques qui peuvent indiquer que vous êtes en face d'un narcissique lors d'un rendez-vous :

• Les narcissiques sont généralement très intelligents,

c'est pourquoi nous les trouvons souvent à des postes de direction.

• Comme nous l'avons mentionné au début, les narcissiques ont souvent des relations interpersonnelles difficiles, c'est pourquoi ils ont généralement peu de "vrais" amis.

• Il fera tout ce qui est en son pouvoir pour être l'homme de vos rêves. Pour ce faire, il partagera tous vos intérêts, vos sentiments et vos perceptions. En bref, il vous dira tout ce que vous voulez entendre ("love bombing").

• Le premier rendez-vous semble artificiel, mis en scène. Tout est simplement "un peu trop".

• Il se montrera plus charmant que la moyenne avec vous, il est important pour lui que vous vous sentiez très spécial.

• Vous aurez toujours l'impression que ses déclarations ne correspondent pas à la vérité, il s'agira plus de l'ébauche d'un sentiment auquel vous ne prêtez peut-être pas suffisamment attention.

• Il est difficile de prouver les mensonges d'un narcissique, alors écoutez votre instinct.

• Les narcissiques sont très ambivalents, ils disent une chose et en font une autre.

• Il n'est jamais coupable, c'est vous qui l'êtes.

PSYCHOTERROR - L'AMOUR QUI DETRUIT VOTRE VIE

"S. est assis avec P. dans son restaurant préféré. Il la regarde profondément dans les yeux en racontant à quel point il est heureux d'avoir trouvé S.. Il n'a jamais ressenti une amitié aussi profonde pour quelqu'un que pour elle. Jusqu'à présent, toutes les femmes l'avaient quitté, il avait été profondément blessé et n'avait pu regarder aucune femme pendant très longtemps, jusqu'à ce que... oui, jusqu'à ce qu'il la rencontre. Il a enfin le sentiment de pouvoir guérir. Mais pour l'instant, ce ne peut être qu'une amitié, car il n'est pas encore prêt pour une relation. Consterné, il regarde de côté et lui dit qu'il est triste de ne l'avoir rencontrée que si tard. Il parle avec difficulté de sa dernière relation, dans laquelle il a investi tout ce qu'il pouvait. Il l'a même emmenée dans un centre de conseil, mais cela n'a servi à rien, elle est devenue de plus en plus dépressive et s'est de moins en moins occupée de lui, bien qu'il se soit sacrifié. Elle n'aurait même plus eu de relations sexuelles avec lui, il aurait été laissé seul par elle avec ses besoins et aurait dû se contenter de lui-même".

Un cas typique de **"love bombing"**, l'une des nombreuses techniques de manipulation utilisées par les narcissiques pour vous attirer et vous maintenir dans la dépendance. Comme décrit précédemment, cette technique est souvent utilisée au début d'une relation pour vous attirer dans la dépendance. Une deuxième ou troisième lecture permet de comprendre ce que P. dit en réalité. La personne concernée, dans sa frénésie hormonale, sera tout d'abord envoûtée par sa franchise, sa vulnérabilité et, finalement, par sa prise de conscience qu'elle est très spéciale. Mais ce que P. dit vraiment, c'est que son ex-compagne est dépressive et qu'il veut "seulement" une amitié.

Les narcissiques sont poussés par un besoin insatiable d'être admirés et respectés. Il n'est donc pas rare qu'une femme ne leur suffise pas et qu'ils aient des aventures. Mais la raison est donnée par le narcissique dès le début : Il ne veut qu'une amitié. Que pouvez-vous faire ?

Le **"Future faking" constitue** une partie du Love Bombing. Ceci est comparable à la demi-vie des promesses électorales. Un narcissique reconnaît très vite les besoins non satisfaits de son interlocuteur et fait des promesses, élabore des plans d'avenir réalistes et même irréalistes. Cette tactique sert à entretenir les relations interpersonnelles, selon la devise : "Gardez le cap".

Une autre méthode est le "**gaslighting**". Il s'agit d'une technique par laquelle votre partenaire vous persuade de mensonges avec une grande assurance, de sorte que vous ne pouvez pas les remettre en question. De plus, le narcissique modifiera activement les circonstances et vous fera croire que tout est comme avant. Il peut s'agir, par exemple, de la clé que vous posez toujours sur la table. Le narcissique la posera sur la commode et vous dira, avec une expression incrédule, que la clé est toujours là. Vous vous sentirez de moins en moins sûr de vous, presque fou, et bien sûr dépendant de lui.

Mais avant de réussir cette méthode, le narcissique doit être absolument sûr que vous lui faites aveuglément confiance.

Les personnalités narcissiques sont les plus susceptibles d'utiliser le "**Silent Treatment**". Grâce à cette technique, la personne dépendante est amenée à se plier aux désirs du narcissique. Pour cela, vous êtes déstabilisé par le silence. L'objectif est de vous faire comprendre que vous avez mal réagi. Par exemple, vous n'êtes pas d'accord avec lui. En conséquence, il commence à se taire. Cela vous déstabilise, mais un narcissique reste ferme, car vous devez avoir le temps de réfléchir à votre erreur. Plus vous insistez parce que la situation est presque insupportable pour vous, plus cet état durera longtemps.

Vous avez passé des rendez-vous magiques ensemble, des nuits passionnées avec lui, et tout à coup, il n'y a plus rien ? Pas d'appel, pas de SMS, pas d'explication. Il est parti et ne donne pas de nouvelles. Chaque minute, vous consultez votre téléphone portable, mais aucune explication n'arrive. Si vous avez déjà vécu cela, cela s'appelle **le "ghosting"**. Ce comportement est très courant à l'ère des applications de rencontre. Le grand choix de personnes "fréquentables" est énorme, qui voudrait s'engager immédiatement avec une personne ? L'incapacité croissante à s'engager et la peur croissante des conflits poussent également les gens à adopter ce comportement.

Mais la manière dont cela affecte les personnes concernées n'est pas prise en compte. Le ghosting peut laisser un fort sentiment d'insécurité. Les personnes ayant de tels styles de personnalité, auxquelles on attribue une peur de l'abandon, peuvent ainsi se retrouver en crise. L'évolution du ghosting ou la forme apparentée est le **"benching"**. Dans ce cas, le narcissique ne vous contacte tout simplement pas, mais vous met plutôt sur la touche. Il est souvent absent pendant quelques jours et réapparaît soudainement dans votre vie. De cette façon, il joue sur la peur de perdre de la personne dépendante et la lie de plus en plus à lui.

La **"triangulation"** est souvent utilisée pour créer de la jalousie. Elle vise à déstabiliser et à rabaisser le partenaire. Un bon exemple de ce type de comportement est le SMS ou l'e-mail "mal orienté" envoyé à une autre femme ou même à l'ex-femme, qui contient la confirmation du dîner qu'ils ont partagé. Interrogé à ce sujet, il affirmera de manière très crédible à quel point il est désolé. L'effet d'un tel comportement n'est pas négligeable. La personne dépendante sera déstabilisée, se sentira rejetée et redoublera d'efforts pour séduire le narcissique en raison de sa jalousie.

Une autre méthode très répandue, dont les personnes concernées souffrent énormément, est appelée **"Blame shifting"**. Avec cette méthode, vous n'aurez jamais raison. Un narcissique peut habilement se transformer d'agresseur en victime. Il évite d'assumer la responsabilité de ses actes en vous rejetant tout simplement la faute. Il vous trompe ? Mais uniquement parce que vous lui mettez la pression avec votre désir d'enfant. Vous remarquez qu'il flirte avec d'autres femmes sur son téléphone portable ? C'est votre faute si vous "fouinez" dans son téléphone.

Cette méthode désespère les personnes concernées. Elles n'ont aucune chance de s'en sortir. On vous fait systématiquement comprendre : "Vous avez tort, votre partenaire narcissique va bien". Jusqu'à ce que vous le croyiez vous-même. Cette tactique se transforme presque naturellement en **"victim blaming"**. Ici, la relation bourreau-victime est portée à un tout autre niveau. Cela s'observe également très bien dans notre exemple. P. y décrit exclusivement ce qu'il a ressenti, comment il s'est "sacrifié". Nous ne savons pas par quoi il l'a fait. Il ne répond pas non plus à la question de savoir pourquoi son ex-femme était si déprimée. Au lieu de cela, il la stigmatise fortement comme étant la coupable.

Si vous vivez depuis longtemps dans une telle relation, il vous est peut-être arrivé d'éprouver le besoin de tenir un journal de vos conversations avec votre partenaire ou de laisser l'enregistrement se dérouler directement. Vous vous demandez de plus en plus si quelque chose ne va pas chez vous et si vous devriez sérieusement remettre en question votre santé mentale. Je peux vous dire que vous n'êtes pas "fou" ! Il s'agit ici de la méthode du **"crazy making"**. Le partenaire narcissique dit d'abord une chose, puis une autre complètement différente, mais insiste sur le fait qu'il n'a jamais dit autre chose. Bien que vous sachiez pertinemment que ce n'est pas vrai, il vous dira le contraire avec une véhémence et une force de persuasion qui vous pousseront à le croire plus que vous ne vous croyez vous-même.

Il en va de même pour les souvenirs communs. Un narcissique qui a recours à cette méthode se fera un plaisir de retranscrire vos souvenirs d'une manière totalement différente de celle dont vous les avez vécus. Il ne s'agit pas de détails comme la couleur du banc ou le temps nuageux ou sans nuages, mais plutôt de souvenirs fondamentaux, comme l'expérience agréable à la fontaine du parc ou chez le glacier du centre-ville. Cette déformation des souvenirs est une tactique particulièrement toxique pour vous déstabiliser et vous lier à lui. Le narcissique peut également augmenter son influence négative en ayant une mémoire remarquablement mauvaise et en ne se souvenant même pas des bons moments importants pour vous, comme le cœur que vous avez gravé dans un arbre. Dans ce cas, vous ne serez pas seulement déstabilisé, mais aussi profondément blessé.

Si vous avez déjà été en relation avec un

narcissique, vous avez peut-être reconnu une ou plusieurs méthodes. Le fait de savoir que vous êtes en parfaite santé mentale vous aidera à vous libérer de ces liens. Souvent, les tactiques s'enchaînent sans transition et il est difficile de les distinguer.

Au final, l'objectif est toujours le même : Par des accusations, des remarques blessantes, de la malhonnêteté, des évitements, des récriminations, des oublis, des reproches, il veut vous blesser et vous humilier. Enfin, il n'a pas besoin de prêter attention à vos sentiments, car il veut vous laisser seul, traumatisé et triste. Il attend que vous reveniez vers lui, paniquée à l'idée d'être laissée seule, et que vous le suppliiez de vous pardonner.

Il existe de nombreuses raisons pour lesquelles les femmes se retrouvent dans des relations narcissiques. Il peut s'agir d'une crise personnelle, d'un manque de confiance en soi ou d'une longue relation dans laquelle l'habitude vous a ennuyée. Un homme charmant et intelligent qui vous couvre de compliments peut alors être très tentant.

UNE RELATION D'AMOUR AVEC UN NARCISSIQUE - EST-CE POSSIBLE ?

Si nous rencontrions un narcissique, si nous succombions à son charme et croyions à ses nombreux compliments, notre premier réflexe serait de dire OUI ! Mais nous connaissons maintenant certaines méthodes du narcissique et nous savons qu'il vit en vous faisant miroiter des choses. Nous savons maintenant qu'il est difficilement capable de prendre en compte vos sentiments et la conclusion est qu'un narcissique n'est pas capable de créer un lien interpersonnel attentionné et affectueux pour construire une relation saine ! Une telle relation se caractérise par la dépendance affective du partenaire. Une relation affectueuse n'est possible que si les deux partenaires se traitent d'égal à égal et avec un respect mutuel. Si vous n'avez pas ce genre d'aspiration , vous pouvez tout à fait avoir une relation avec un narcissique.

Si vous êtes en couple avec un tel homme, vous risquez tôt ou tard d'être confrontée à ses frasques. Vous devez être consciente que sa soif constante d'admiration le pousse à le faire. Il est difficile de concevoir que vous seule puissiez lui donner toute l'approbation dont il a besoin. Son manque d'empathie ne lui permet pas de se sentir coupable. Vous devez également accepter le fait qu'il essaiera toujours de vous rendre jaloux. Pour gérer ce genre de situation, il faut faire preuve de tact. N'insistez pas, mais ne vous moquez pas non plus et faites preuve d'un certain sérieux à son égard. En effet, un mauvais comportement de votre part peut avoir pour conséquence de lui faire une "scène".

Si vous voulez vraiment qu'un tel homme reste avec vous et que vous êtes déterminée à avoir une relation avec lui, vous devez simplement montrer régulièrement que vous avez très peur de le perdre. Plus vous êtes humble et soumise et plus il peut faire ce qu'il veut de vous, plus il a besoin de vous. Vous devrez probablement vous habituer à ses aventures, mais elle ne peut pas être dangereuse pour vous.

Vous ne devriez pas essayer de trop contraindre une telle personne. Laissez-le tranquille lorsqu'il est occupé par son téléphone portable et ne l'écoutez pas lorsqu'il reçoit des appels bizarres. Il se peut aussi qu'il s'absente une nuit ou deux sous des prétextes fallacieux. Occupez-vous plutôt des tâches ménagères et protégez vos arrières.

Il vous arrivera souvent de rentrer de mauvaise humeur parce que quelque chose ne s'est pas passé comme prévu au travail. Faites preuve de patience. Dites-lui qu'il fait du bon travail et que personne ne lui arrive à la cheville. Cela lui donnera du baume au cœur.

Habituez-vous à l'idée qu'il ne verra jamais tout ce que vous faites pour lui. Mais il se rendra compte que vous le laissez faire ce qu'il veut, que vous ne le limitez pas et surtout que vous ne le "harcelez" pas. Ne le surchargez pas de vos propres désirs, mais montrez-lui plutôt de l'admiration et de la reconnaissance. Tant qu'il pensera que vous êtes heureux d'être à ses côtés, il ne vous quittera pas d'une semelle.

En fin de compte, si vous acceptez son comportement et que vous l'acceptez tel qu'il est, si vous comprenez qu'il ne peut tout simplement pas faire autrement, vous souffrirez le moins possible de votre relation ! Mais cela vous rend-il heureux ?

QUE POUVEZ-VOUS FAIRE CONTRE LE NARCISSISME DE VOTRE PARTENAIRE ?

Il est très difficile de convaincre un narcissique que son comportement n'est pas bon pour vous. Il ne le comprendra tout simplement pas ou ne le reconnaîtra pas. Une réflexion saine impliquerait une certaine capacité d'empathie. De plus, un tel homme n'admettra pas ses erreurs, car cela signifierait que son vrai moi se révélerait. Il devrait vous montrer à quel point il est vulnérable, quelles sont ses peurs et ses imperfections. Mais cela est hors de question pour un narcissique, pour qui le plus important est de sauver les apparences. Le convaincre est une bataille perdue d'avance.

Il convient de rappeler ici qu'un narcissique souffre de lui-même. La pression constante pour maintenir une image parfaite est source de stress. Il est constamment poussé par la peur de "se faire remarquer". Sa soif constante de reconnaissance est à comprendre comme une batterie défectueuse. Il ne peut pas stocker l'admiration dont il a tant besoin. Ainsi, un tel homme est poussé par la recherche constante de celle-ci. Souvent, ces personnes tombent dans la dépression à cause de petites choses plus ou moins importantes. Il existe peut-être un désir profond d'aide, mais le pas est souvent trop grand à franchir. Parmi tous les troubles de la personnalité diagnostiqués, le narcissique est le plus souvent poussé par des pensées suicidaires, qui peuvent facilement aboutir à un suicide effectif.

La séparation - Mon monde est en miettes

POURQUOI LA RUPTURE AVEC UN NARCISSIQUE EST-ELLE PIRE QUE TOUTE AUTRE RUPTURE AUPARAVANT ?

Une rupture, et en particulier la rupture avec un homme narcissique, peut être très difficile et nécessite une bonne préparation. Attendez-vous à ce qu'il vous fasse des reproches, car un narcissique doit toujours avoir raison. En dehors de cela, pourquoi cette fin de relation est-elle pire que toutes les autres ? Qu'est-ce qui se cache derrière cette dynamique ? Dans la plupart des cas, une rupture n'est jamais agréable. Trouver une bonne conclusion est un besoin naturel après une relation amoureuse adulte. Dans le meilleur des cas, les deux partenaires auront des discussions et verront les choses telles qu'elles sont : la relation a connu des hauts et des bas et chacun a eu sa part de responsabilité dans l'échec.

Dans une relation narcissique, le partenaire est innocent. En outre, le partenaire est le seul responsable de la rupture. De plus, son ego a été blessé, car il n'a pas d'imperfections, du moins officiellement.

Il y a une différence entre le fait qu'il se sépare de vous et le fait que vous vous sépariez de lui. S'il se sépare de vous, le rejet sera dur pour vous. Il est peu probable qu'il ait une conversation adulte avec vous et qu'il tienne compte de vos sentiments. La rupture sera brutale, brève et indolore pour le narcissique.

Au moins, il vous montrera son absence de douleur, car cela ne passera pas non plus inaperçu pour lui. Il ne se soucie simplement pas de ce que vous ressentez. Mais pourquoi met-il fin à la relation alors qu'il en souffre ? Probablement parce que vous vous êtes trop rapprochée de lui. Les narcissiques ne sont pas capables de s'engager dans une relation. Ils se sentent vite à l'étroit et contrôlés par vous. Une autre raison peut être que vous êtes trop compliquée pour lui. Il veut vous soumettre rapidement et vous rendre docile. S'il n'y parvient que difficilement, il prendra rapidement ses distances avec vous.

Pour vous, co-narcissique dépendant, c'est un monde qui s'écroule. Du jour au lendemain, vous faites face à vos plus grandes peurs. Vous êtes seul et vous vous sentez conforté dans l'idée que personne ne vous aime. Même si cette situation douloureuse vous semble d'abord être la fin du monde, c'est la meilleure chose qui puisse vous arriver dans une telle relation. En effet, il vous laissera tranquille. Il a probablement déjà trouvé une nouvelle femme qui est plus facile à contrôler pour lui et qui flatte davantage son ego.

Cet état de douleur est pire que tous les précédents, car vous vous sentez tout simplement confirmé dans tout le mal que vous pensez de vous-même. Prenez le temps de faire votre deuil et de ressentir la douleur, mais laissez-la partir. Prenez conscience que vous vous êtes simplement trop rapproché de cette personne. En fin de compte, il a eu peur d'être démasqué par vous et vous a simplement renvoyé son propre problème. Parlez de vos sentiments à vos amis, demandez à vos proches de vous dire s'il avait raison de vous accuser et sachez que si vous recevez un retour honnête des personnes en qui vous avez confiance, c'est qu'il y a des personnes qui vous aiment. N'ayez pas peur d'appeler le Sorgentelefon (oui, il existe encore) et/ou de contacter un thérapeute. Votre caisse d'assurance maladie peut vous aider à obtenir une liste. Cette douleur aussi passera. Prenez conscience que vous sortirez finalement plus fort de cette relation.

Mais que se passe-t-il si vous décidez vous-même de mettre fin à cette relation ? À ce stade, je peux d'abord vous féliciter pour votre volonté. Rares sont les femmes qui parviennent à se sortir seules d'une telle situation. Souvent, ces relations durent de nombreuses années. Les femmes souffrent en silence, se blâment exclusivement elles-mêmes et se sentent confortées dans leur manque d'estime de soi. Si vous vous décidez enfin à franchir le pas, il y a plusieurs choses à prendre en compte.

Vous n'avez pas besoin d'avoir des conversations empathiques avec un narcissique, il ne reconnaîtra pas ses erreurs. Au contraire, il vous renverra la balle. Dites-lui brièvement que vous ne voulez plus de cette relation, évitez de donner des raisons et donc d'avoir des discussions douloureuses au cours desquelles il vous fera des reproches. Préparez-vous à ce qu'il soit insultant, car mieux il vous connaît, mieux il pourra vous atteindre là où ça fait mal. Et rassurez-vous : il vous frappera avec tout ce qu'il a. Réfléchissez au lieu de l'entretien. Je déconseille de le faire chez lui. Un café peut aider à le "tenir en respect" et à créer la distance nécessaire.

Il est très rare qu'il accepte de subir cette "humiliation". C'est là qu'intervient le terme **"hoovering"**. Il s'agit d'une méthode qu'il utilisera pour vous "piéger" encore et encore. Le terme vient de la marque anglaise d'aspirateurs Hoover et signifie au sens figuré que l'ex-partenaire doit être "aspiré" à nouveau. Il existe différentes manières de procéder :

• Il écrit constamment des messages et/ou publie des messages sur les réseaux sociaux.

• Il pourrait y avoir des visites surprises de sa part.

• Vous vous souviendrez toujours des bons moments ou des expériences partagées.

• Il reconnaîtra soudain toutes ses fautes et promettra de s'améliorer.

• Il se comporte comme si rien ne s'était passé. Cela peut aller jusqu'à ce qu'il entre et sorte normalement de chez vous et continue peut-être même à dormir à côté de vous.

- Il trouve toujours des occasions d'entrer en contact avec vous.

- Il demande le remboursement de ses cadeaux.

- Il ne remet pas vos effets personnels qui sont encore en sa possession.

- Il parle de vouloir changer activement, par exemple sous la forme d'une thérapie.

- Il en appelle à votre bon sens, car après tout, ils souffrent tous les deux de la situation.

- Des amis communs sont engagés pour le soutenir.

- Il ne peut plus vivre sans vous ou prétexte même des maladies graves pour tenter de susciter votre compassion. Cela peut même aller jusqu'à la menace de suicide.

Si vous ne réagissez pas à ces méthodes, il peut exprimer sa frustration par des insultes, des crises de colère ou même des scènes de jalousie. Dans le pire des cas, le passage au harcèlement n'est pas exclu.

Prenez conscience que ces comportements sont le fruit de sa rage de nuire. Son objectif principal n'est pas de vous reconquérir, car il ne peut et ne veut vraiment plus vivre sans vous, mais plutôt de vous soumettre à sa volonté et de garder le contrôle. Plus encore, il veut vous empêcher activement de construire une vie heureuse et autonome. Il veut tout simplement vous nuire. Le problème est que cette stratégie n'est souvent pas comprise ou est mal comprise par sa victime. Dès que vous vous laissez "bercer" par ses avances, ses affirmations et ses promesses romantiques, son ego s'en trouve flatté. Il est en effet sur le point de vous contrôler à nouveau. Dès qu'il y parviendra, il limitera assez rapidement sa part de culpabilité : "Je n'ai fait cela que parce que tu..." ou "J'ai peut-être fait une erreur, mais...". Jamais il ne prendra sur lui la faute d'un comportement manifestement erroné, avec toutes les conséquences, sans si ni mais.

Dans ce cas, seule une rupture totale du contact peut aider ! Et c'est précisément ce qui rend la séparation si difficile pour un co-narcissique dépendant. En tant que personne empathique, il est difficile pour vous de le voir souffrir et de le supporter. Les provocations sont également difficiles à supporter, car elles ne sont ni justes ni équitables et vous ressentez le besoin de vous y opposer. Réconfortez-vous : au fond de lui, il sait aussi que ses reproches sont des bêtises. Si vous continuez à y répondre, vous finirez tôt ou tard par craquer ou par vivre une "neverending story". Vos sentiments sont normaux, après tout, toute séparation prend du temps et celle d'un narcissique en prend particulièrement. Prenez conscience que votre désir est plutôt comparable à des symptômes de sevrage. Et ceux-ci disparaîtront avec le temps.

CE N'EST PAS VOTRE FAUTE !

Commencez par le plus important : ne vous reprochez rien, car vous n'y êtes pour rien ! Les narcissiques sont très habiles et travaillent de manière extrêmement calculée et ciblée. Cela peut arriver à chacun d'entre nous ! Les méthodes narcissiques décrites précédemment devraient vous faire comprendre que ces personnes sont très manipulatrices. Il suffit d'une petite crise existentielle pour qu'un narcissique trouve en vous un terrain fertile. Il vous pousse systématiquement à la dépendance et utilise vos peurs contre vous.

Si vous avez réussi à vous libérer d'une telle relation, vous devriez vous demander ce qui s'est réellement passé. Pourquoi une autre personne a-t-elle réussi à prendre le contrôle de votre vie à une telle échelle ? Comment se fait-il que vous ayez ignoré tous les signaux d'alarme ? Il est important de se poser ces questions de manière approfondie afin de ne pas devenir une "victime récurrente".

J'aimerais vous présenter ci-dessous quelques raisons pour lesquelles vous avez pu vous faire avoir par une telle relation :

La force ! Les hommes narcissiques sont sûrs d'eux, charmants, forts et très soignés. Les hommes avec un tel "standing" sont les plus susceptibles d'attirer les femmes, car ils connaissent leur impact. Pour elles, ce n'est pas un grand effort. Malheureusement, pour le reste du monde masculin, si un homme vous aborde, il y a de fortes chances qu'il ne soit pas directement narcissique, mais qu'il ait déjà une forte confiance en lui. Bien sûr, nous, les femmes, sommes flattées lorsqu'un homme charmant et fort attire notre attention. Néanmoins, gardez la tête froide.

La spontanéité ! Vous invite-t-il dans votre restaurant préféré et vous finissez dans le sien ? Ou bien aimerait-il prendre un café avec vous et vous finissez ensemble dans un sex-shop ? Oui, vous avez bien lu. C'est un exemple plutôt extrême, mais cela m'est déjà arrivé, même si je peux exceptionnellement mentionner ici une expérience personnelle. Ce qui est difficilement égalable en termes d'audace est, pour un narcissique, une expression de décontraction et de spontanéité. Si vous le confrontez, vous entendrez probablement dire que quelque chose ne va pas chez vous. Vous vous sentirez vite coupable, car vous voulez être spontané et décontracté.

Mais en réalité, il vous mènera toujours par le bout du nez, faisant fi de vos désirs personnels et ne poursuivant que ses intérêts. Car il n'est certainement pas spontané. Celui qui est spontané peut faire des erreurs. En fait, ses restaurants et son sex-shop ont toujours été ses cibles. Ayez confiance en vous ! Tout va bien avec vous et vous décidez toujours vous-même de votre degré de décontraction ou de spontanéité. Si vous aimez la cuisine chinoise, insistez et ne vous laissez pas emmener dans un restaurant italien sans faire de commentaires et sous de fausses promesses.

Les compliments ! Soyons honnêtes, nous aimons tous les entendre. Mais il ne faut pas non plus en abuser. Il est compréhensible que vous souhaitiez être reconnu et aimé. Mais sachez que si vous ne vous aimez pas, personne ne peut le faire pour vous.

Les montagnes russes ! La relation avec un narcissique vous rend dépendant. Le mélange de différentes méthodes pour vous rendre jaloux ou vous tenir tantôt proche, tantôt éloigné, est hautement émotionnel. Tout se passe si vite que vous avez du mal à vous remettre en question et à organiser vos pensées.

Toutes vos pensées tournent autour de la question

: "M'aime-t-il encore ?" Comme vous êtes entièrement occupée à vous tenir prête pour lui s'il vous contacte ou à prendre soin de lui, les amitiés sont reléguées au second plan. Les hobbies qui étaient si importants pour vous ne le sont soudainement plus. Bien sûr, ce type de comportement est également observé au début d'une relation saine et est tout à fait normal. La différence est que dans une relation avec un narcissique, vous ne vous sentez pas en sécurité, protégé et accepté, mais plutôt stressé et pressé. Les amis et les loisirs sont importants pour vous. Si une relation difficile se brise, ce sont vos amis qui vous soutiennent et vos loisirs qui vous font du bien et vous donnent une image positive de vous-même. Ne les négligez jamais.

En fin de compte, il est très difficile (comme nous l'avons déjà dit) de savoir si vous sortez avec un homme narcissique. Bien sûr, tous les hommes qui vous abordent ne sont pas narcissiques. Peut-être que cela lui a coûté extrêmement cher de vous aborder parce que vous lui plaisez vraiment beaucoup. Mais restez vigilante. À notre époque où tout va très vite, nous sommes tentés de nous lancer dans des relations à la légère.

Plus nous vieillissons, plus nous ressentons le besoin d'arriver enfin chez l'autre. Nous avons rapidement l'impression que tout le monde autour de nous est déjà arrivé et nous nous demandons alors ce qui ne va pas chez nous. Il se peut bien sûr que vos exigences soient trop élevées. Tous les célibataires ont certainement déjà entendu cette affirmation de la part d'une amie en couple. Mais est-ce vrai ? Les exigences changent, parfois elles diminuent, parfois elles augmentent, et lorsque la bonne personne se présente devant vous, elles n'ont de toute façon plus d'importance.

Une bonne estime de soi est un poison pour tous les narcissiques

QU'EST-CE QUI NE VA PAS CHEZ MOI ET CHEZ LES AUTRES ?

Être conscient de soi, avoir confiance en ses propres capacités et, par conséquent, être optimiste quant à son avenir, est un bon niveau de confiance en soi. Cette confiance en soi se reflète dans votre comportement et est la clé de votre succès, tant sur le plan professionnel que personnel.

Pour développer une bonne estime de soi, il est

nécessaire d'avoir un certain niveau d'estime professionnelle, sociale et personnelle. Chaque personne tire plus de valeur de certains domaines et moins de certains autres. Les hommes sont très différents des femmes. Alors que les femmes accordent statistiquement plus d'importance à la reconnaissance sociale, à l'apparence et à l'indépendance grâce à un revenu personnel, les hommes accordent la priorité aux finances et à la réussite professionnelle.

Les bases d'un développement sain sont posées dès l'enfance. Cependant, de nombreuses personnes reçoivent des complexes d'infériorité dès les premières années de leur vie. Les carences éducatives peuvent être transmises aussi bien dans un sens que dans l'autre. Des parents qui accordent une importance démesurée aux résultats scolaires de leurs enfants peuvent rapidement leur donner le sentiment de ne jamais être assez performants et de ne pas être assez bons, ni pour eux-mêmes ni pour les autres. Ces personnes auront très probablement du mal à développer un niveau de confiance sain en leurs propres capacités à l'âge adulte. Inversement, de nos jours, les parents enseignent à de nombreux enfants à ne pas se laisser faire parce qu'ils ont toujours raison.

Dès leur plus jeune âge, les enfants commencent à

discuter avec leurs professeurs à l'école. Il est hors de question pour les parents de les laisser sur le banc de touche du club parce qu'ils ont souvent manqué l'entraînement ou qu'ils n'ont pas fourni les performances souhaitées. Les enfants de ces parents ont toujours raison. Ils rencontreront des problèmes au plus tard à l'âge adulte, si, par exemple, ils ne peuvent pas comprendre les critiques de leur supérieur, résultat de l'éducation parentale.

Une conscience de soi "malsaine" peut donc s'étendre dans les deux sens. Il n'est pas toujours facile de faire la différence entre une "vraie" et une "fausse" estime de soi. En règle générale, on peut dire que les personnes ayant une estime de soi malsaine ont tendance à être plus visibles, tandis que les personnes ayant une estime de soi réelle ou saine sont plus discrètes et plus modestes. Pour faire la différence dans la vie réelle, vous avez besoin d'un peu de pratique et de connaissances psychologiques de base. Mais il est important, outre la construction de votre propre estime de soi, de vous demander si le comportement des personnes qui vous entourent est "authentique" et si elles méritent votre confiance.

C'est pourquoi j'aimerais vous présenter quelques actions qu'une personne ayant une bonne conscience de soi ne fait tout simplement pas. En effet, derrière de tels comportements se cachent souvent les narcissiques qui vous ont déjà mené la vie dure à de nombreuses reprises, non seulement dans votre vie privée, mais aussi dans votre vie professionnelle.

L'attention est la chose la plus importante pour ces personnes. Elles recherchent constamment les éloges et la reconnaissance, tant dans leur vie privée que professionnelle.

L'envie et la jalousie sont des sentiments prédominants. Si quelque chose de bien vous arrive, ces personnes peuvent rapidement se sentir menacées par vous. Il est difficile de savoir si quelqu'un est sincèrement heureux pour vous ou non. Selon le danger potentiel que vous représentez, un ressentiment dissimulé peut aussi se transformer en un ressentiment ouvert. Les confrontations ou les médisances peuvent alors vous rendre la vie difficile.

J'ai raison. Vous avez certainement déjà assisté à des formations ou à des fêtes et vous vous êtes dit : "Il y a toujours quelqu'un qui sait tout mieux que moi". Ce sont les personnes qui aiment débattre d'un sujet jusqu'à ce que le dernier ait compris son point de vue et soit convaincu de son opinion.

Moi, moi, moi. Une conversation ne peut

fonctionner que s'il y a un dialogue entre au moins deux personnes. Les personnes ayant une mauvaise estime d'elles-mêmes préfèrent s'écouter parler : de leurs problèmes, de leurs réussites et du mauvais comportement des autres. Elles n'écoutent pas les autres et ne se soucient pas de savoir s'ils ont aussi des problèmes.

Plus tard . De même, les personnes qui sont très créatives pour remettre à plus tard toute décision et qui ne veulent tout simplement pas s'engager témoignent d'une confiance en soi plutôt mauvaise.

L'admiration pour les réalisations des autres est souvent commentée par "Je ne pourrais jamais le faire".

Se concentrer sur ses propres faiblesses. Non, ce n'est pas de la modestie, mais plutôt la preuve que cette personne devrait travailler sur elle-même. Vous portez une image négative de vous-même à travers le monde et avez le sentiment de n'être fait que d'imperfections. Cela ne passe pas inaperçu aux yeux des autres. Par conséquent, le monde extérieur n'accorde pas non plus beaucoup de crédit à ces personnes. Le succès professionnel ? Pas de chance ! Ces personnes font preuve de peu d'initiative et restent assises dans le même coin à faire le même travail, même après des années.

Des compliments ? Elles ne savent pas les gérer. Au lieu de se réjouir et de remercier, ces personnes refusent souvent les compliments ou se sentent directement en position de devoir contre-argumenter. Non seulement elles ont du mal à accepter les compliments, mais elles remettent aussi automatiquement en question leur sincérité. Elles ont souvent l'impression qu'on se moque d'elles.

Les confrontations ? Un mot étranger pour les personnes qui manquent de confiance en elles. En effet, elles ne savent pas évaluer quand une discussion est appropriée et quand elles ont raison. De plus, elles ont un fort besoin d'harmonie et partent directement du principe que leur adversaire est de toute façon supérieur et dans son bon droit.

Enfin, il est important non seulement de réfléchir à la manière d'interpréter le comportement des autres, mais aussi de réfléchir à ce sur quoi vous devez travailler. Les personnes souffrant d'une mauvaise estime de soi, ou les narcissiques qui en découlent, sont particulièrement doués pour traiter les gens comme ils l'entendent. De plus, les personnes narcissiques chercheront même à se rapprocher de vous. Ainsi, même si vous ne recherchez pas activement un partenaire ou si vous essayez de passer inaperçu au

Exercice 2 : Vous avez certainement un miroir dans votre salle de bain et un rouge à lèvres. Dessinez sur le miroir un mantra positif, par exemple les mots "Je suis belle". Chaque fois que vous entrerez dans votre salle de bain, vous le lirez et vous le mémoriserez inconsciemment.

Exercice 3 : Si vous vous trouvez dans une situation d'anxiété, il peut être utile de prendre un moment pour vous concentrer. Fermez les yeux, inspirez à un et expirez à deux. Concentrez-vous sur votre respiration et comptez jusqu'à trente.

Il est important d'essayer de sortir régulièrement et fréquemment de votre zone de confort et de faire des choses qui vous semblent difficiles. Par exemple, essayez de vous asseoir au premier rang lors d'un cours à l'université ou de vous rapprocher du patron lors d'une réunion au travail. Prenez l'habitude de ce comportement et augmentez-le. Souriez à un collègue en passant devant lui. Je suis sûr qu'il ou elle vous sourira en retour.

Vous pouvez également créer des succès de votre propre chef. Envisagez de rejoindre une association ou de faire du bénévolat. Faire quelque chose pour les autres vous permet de vous sentir bien. Comme nous ne recevons souvent pas la reconnaissance dont nous avons besoin au travail ou dans notre vie privée, il est important de la chercher ailleurs. Tout le monde est bon à quelque chose, y compris vous. Réfléchissez à ce que cela peut être et allez-y. Vous trouverez souvent sur les sites Internet de votre ville des listes de clubs sportifs ou d'activités bénévoles.

Exercice 4 : Faites taire votre critique intérieur. Pour cela, vous pouvez vous procurer un bracelet dont la face supérieure et la face inférieure sont différentes. Une face représente les louanges et l'autre les critiques. Chaque fois que vous vous surprenez à vous critiquer, retournez le bracelet. Fixez-vous d'abord de petits objectifs, par exemple une heure, puis un jour, une semaine et ainsi de suite.

Exercice 5 : Le moment est peut-être venu de faire du shopping, mais vous n'avez aucune idée de ce qui vous va. En plus des conseils professionnels, vous pouvez demander à quelqu'un qui, selon vous, a un super style. Il ne s'agit pas forcément de quelqu'un de votre entourage. Parlez-en à votre collègue. Elle vous aidera certainement. Car si vous vous sentez bien dans vos vêtements, vous le reflétez aussi.

Exercice 6 : Sortez du canapé et de la maison. Allez vous promener, nagez ou faites un autre sport. Là encore, un club peut vous aider. L'exercice physique est important. Surtout si vous travaillez dans un bureau, celui-ci est indispensable pour se sentir en bonne santé.

Exercice 7 : Focalisez-vous sur les problèmes, car le risque est grand de vous perdre en eux. Cherchez plutôt des moyens de résoudre les problèmes.

Exercice 8 : Fixez-vous de petits objectifs. Il est important qu'ils restent vraiment petits. Il est préférable de se fixer plusieurs petits objectifs plutôt que d'échouer à en atteindre de grands.

Un objectif peut être de faire du sport demain, de s'acheter des fleurs, de prendre un bain ou de vider un placard. N'hésitez pas à noter tous vos objectifs du lendemain le soir et à les cocher. Cela vous fera du bien de vous rendre compte de tout ce que vous pouvez réellement faire.

Vous trouverez sur Internet des tas d'exercices pour améliorer votre estime de soi. Et en plus de tous ces exercices, gardez toujours à l'esprit que vous allez bien et que vos émotions et vos sentiments ne sont pas anormaux. Lorsque vous commencerez à vous ouvrir et peut-être à parler à vos proches, vous constaterez que vos émotions ne sont pas extraordinaires et que vous n'avez pas à avoir honte de quoi que ce soit. Au contraire, la plupart des gens sont confrontés aux mêmes problèmes que vous.

SURMONTER LES CRISES - PRESERVER LE BONHEUR

Pour avoir une bonne confiance en soi, il est important d'activer votre force intérieure. Il s'agit de la résistance psychologique qui nous permet de faire face aux situations difficiles et que nous possédons tous depuis notre naissance. Cette force de résistance, également appelée résilience dans le jargon, peut être temporairement limitée par différentes influences. Des crises soudaines ou des situations de stress exceptionnelles peuvent en être la cause.

Dans notre exemple, il peut s'agir d'une relation narcissique avec une personne qui vous persuade de ne pas être à la hauteur ou d'une rupture avec votre partenaire. Pour éviter d'être vulnérable à de telles relations à l'avenir, il est important, en plus d'une bonne confiance en soi, de préserver votre équilibre intérieur. Il est indispensable de se pencher sur ce sujet, en particulier pour les personnes qui tombent facilement dans des structures relationnelles dépendantes ou qui sont sujettes à des épisodes dépressifs.

Dans ce contexte, je voudrais vous expliquer plus en détail le modèle du psychologue allemand Hilarion Petzold. Selon ce modèle, notre équilibre intérieur se compose de cinq piliers. Pour savoir exactement ce qui perturbe votre équilibre intérieur, il peut vous être utile d'examiner ces piliers de plus près :

• Corps et santé (psychique et physique)
• Relations sociales (famille, amis, voisins, collègues)
• Travail et performance (reconnaissance, sentiment de réussite)
• Sécurité matérielle (protection financière, niveau de vie)
• Valeurs et idéaux (le permis, l'interdit, les rituels, la morale)

Chacun des piliers peut être perturbé de manières très différentes. Ainsi, le pilier "corps et santé" peut être perturbé par votre propre insatisfaction concernant votre forme physique ou votre maladie.

Les relations sociales peuvent être affectées par une séparation, un divorce ou même un déménagement dans une autre ville. Il convient de noter que, même si les différents piliers doivent en principe être équilibrés, il est tout à fait normal d'accorder plus d'importance à l'un qu'à l'autre. Ainsi, il peut être très important pour vous de réussir dans votre travail, mais moins important de ne pas pouvoir maintenir un certain niveau de vie. L'important est que les autres piliers offrent une base stable et un soutien si l'un d'entre eux commence à s'effriter.

Si vous sentez que quelque chose s'est déréglé en vous, trois étapes peuvent vous aider à retrouver votre équilibre et votre force intérieure. La première étape est la prise de conscience. Pour ce faire, il est utile de considérer les cinq piliers décrits au début et de vous demander quelle situation vous pèse tant en ce moment et pourquoi.

Dans une deuxième étape, la phase d'information, vous vous penchez sur la question de savoir qui ou quoi peut vous aider. Certains d'entre vous ont peut-être déjà eu recours à une aide thérapeutique, mais un service de conseil peut également vous aider à trouver des stratégies appropriées pour faire face à la situation difficile. Vos propres idées peuvent également être utiles, par exemple en vous renseignant sur de nouvelles offres d'emploi si votre travail est trop stressant ou en envisageant d'adhérer à une association si vous manquez de contacts sociaux et amicaux après un déménagement. Dans tous les cas, il est important que vous preniez honnêtement conscience de ce qui ne va pas chez vous en ce moment, afin de pouvoir passer à l'action dans un troisième temps. Vous n'êtes pas satisfait de votre travail ? Alors, après l'information, vient la candidature. Souvent, il est également bon de tester sa "valeur marchande" et de trouver ainsi une nouvelle motivation. Le stress a-t-il entraîné des problèmes de santé tels que l'hypertension ? Dans ce cas, l'exercice physique ou les techniques de relaxation peuvent vous aider.

Le mot d'ordre est la vigilance, et ce dans tous les domaines de votre vie. Pour conserver votre équilibre intérieur et votre force, il est important d'adopter une approche préventive de votre propre vie et de ne pas attendre d'avoir remarqué que quelque chose ne va pas pour agir.

J'aimerais vous donner quelques conseils qui vous aideront à y parvenir.

1. Soyez à l'écoute de votre **corps**. Écoutez ce qui se passe en vous et ressentez comment vous réagissez au stress. Comment se manifestent-elles ? Physiques ? Sur le plan psychologique ? Il existe différents niveaux de tension. Chaque niveau a également une approche pour réduire le stress. Par exemple, une légère tension intérieure après une journée stressante peut être soulagée par des arômes tels que des bougies parfumées ou de l'huile.

Les tensions plus fortes ont souvent une approche physique. Il peut alors être utile de faire du sport ou simplement de monter et descendre les escaliers plusieurs fois. Pour savoir quel accès vous avez à chaque niveau de tension, il suffit de faire des tests. Plus vous vous intéressez à votre corps, plus vite vous serez en mesure d'analyser où se situent les déficits de votre bien-être et de les corriger avec succès.

2. Un **environnement social** stable est essentiel pour votre force intérieure. Comme décrit précédemment, il est important de ne jamais négliger votre cercle d'amis ou vos relations familiales. En effet, ce sont eux à qui vous pouvez vous confier lorsque votre chaos intérieur menace de prendre le dessus.

3. Prenez conscience de vos **points forts** comme de vos points faibles et assumez les deux.

4. Prévoyez régulièrement **des moments** où vous êtes au premier plan. Il n'est pas toujours nécessaire d'organiser un long week-end de bien-être. Il suffit de vous blottir dans votre fauteuil préféré avec un livre ou de vous faire couler un bain. Même les petits détails comptent et vous font vous sentir important.

5. Un **non** est tout à fait acceptable. Apprenez à vous écouter et à écouter votre instinct, et assumez vos besoins.

6. Il est essentiel d'avoir une **attitude positive dans la vie**. Cela semble plus facile que cela ne l'est en réalité. Néanmoins, n'essayez pas de voir le négatif dans tout ce que vous faites et/ou essayez de voir le positif dans ce que vous pensez être négatif. Après tout, le soleil suit toujours la pluie.

7. Soyez conscient des **bonnes choses** qui vous arrivent dans la vie, car nous sommes souvent aveugles

à celles-ci. Les petites choses sont également bonnes. Une petite astuce peut vous y aider. Mettez trois billes ou pièces de monnaie dans votre poche. Observez consciemment les petites et grandes réussites de votre vie. Chaque fois que vous remarquez quelque chose, faites passer une bille ou une pièce de la poche droite à la poche gauche. Si tout se trouve à gauche, recommencez depuis le début. Vous serez étonné du nombre de fois où cette alternance peut se produire.

8. Outre une attitude positive, une bonne **alimentation est** également indispensable. Buvez beaucoup d'eau et peu d'alcool, mangez frais et équilibré. Ce n'est pas pour rien que l'on dit que dans un corps sain vit un esprit sain.

9. **Dormir** est important pour commencer une nouvelle journée avec une énergie renouvelée. Pour cela, veillez à ce que votre chambre à coucher soit suffisamment aérée et à ce que la température soit bonne.

10. Malgré tous les bons conseils et une préparation suffisante, il peut arriver qu'une charge vous dépasse. Il est important de reconnaître ce point, de demander de **l'aide à** temps et de l'accepter lorsqu'on vous la

travail, vous rencontrerez toujours ces personnes.

Par conséquent, une estime de soi saine est un poison pour tout narcissique !

ILS SONT GENIAUX ! - RENFORCER LA CONFIANCE EN SOI

Si vous vous rappelez cette phrase, alors l'étape la plus importante est franchie !

J'aimerais vous présenter ci-dessous quelques exercices qui peuvent vous aider à renforcer votre confiance en vous.

Exercice 1 : Mettez-vous face au miroir, de manière détendue, comme vous le faites dans la vie de tous les jours. Nous nous surprenons souvent à utiliser une posture plutôt molle et contractée. Cette situation est souvent due à un manque d'activité physique.

Essayez de tirer vos épaules vers l'arrière et de pousser votre poitrine légèrement vers l'avant. Pour beaucoup, il s'agit d'une position plutôt inhabituelle. Pourtant, essayez de le faire, par exemple sur votre lieu de travail. Vous constaterez rapidement que cette position vous donne plus de confiance en vous.

propose.

Souvent, les personnes qui ont une image plutôt négative d'elles-mêmes et une faible confiance en elles n'ont pas le sentiment d'être importantes. Mais permettez-moi de conclure en disant que si vous n'osez pas vous prendre au sérieux, vous, vos besoins et vos pressions, et si vous n'apprenez pas à le faire, personne d'autre ne le fera non plus !